<그리스도인이면 꼭 알아야 할 성경 지식>

고린도후서

제2권 거짓 목사들을 식별하라(7-13장)

서울솔로몬학교 성경연수원

차 례

이 책에 인용된 성경 구절은 〈한글킹제임스성경〉 입니다.

제1과

죄에서 바로잡힌 고린도 교회(7장)

『하나님의 뜻대로 하는 슬픔은 구원을 위한 회개에 이르게 하므로 후회할 것이 없느니라. 그러나 세상의 슬픔은 사망에 이르느니라』 (고후 7:10).

하나님의 일꾼이 반드시 읽어야 할 책

하나님을 첫째로 사랑하는 성도는 하나님의 말씀을 지킨다. 하나님의 말씀에 순종하여 그 말씀을 있는 그대로 실행에 옮길 뿐만 아니라, 하나님께서 영감으로 기록하시고 섭리로 보존해 주신 성경 구절 하나하나를 끝까지 사수하고 보존하는 것이다.

하나님을 첫째로 사랑하는 성도는 죄를 짓지 않으며, 하나님을 최우선으로 섬긴다. 사랑은 우리에게 하나님을 "섬기게 하는 최고의 동기"를 부여해 준다. 예수 그리스도께서 붙잡히시던 밤에 베드로는 주님을 부인함으로써 "제자의 직분"을 상실했다. 주님께서는 그런 베드로를 다시 회복시키는 자리에서 그에게 "네가 이 사람들보다 나를 더 사랑하느냐?"라고 물으셨다. 베드로가 "사랑합니다."라고 대답하자, 예수님께서는 그에게 "양들을 먹이는 임무"를 맡기셨다. 이렇듯 섬김의 동기는 주님을 향한 사랑이어야 되지, 단순한 의무가 되어서는 안 된다. 『**그리스도의 사랑이 우리를 강권하시느니라. 이는 한 사람이 모든 사람을 위하여 죽으면 모든 사람이 죽은 것이라고 우리가 판단하기 때문이라. 그가 모든 사람을 위하여 죽으신 것은 산 자들이 이제부터는 더 이상 자신들을 위하여 살지 않고 자기들을 위하여 죽었다가 다시 살아나신 그분을 위하여 살게 하려는 것이라**』(고후 5:14,15).

이런 점에서 볼 때 사도 바울에 의해 기록된 "고린도후서"는 "하나님의 일꾼"이 반드시 읽어야 할 책이다. 그래서 고린도후서의 핵심 내용이 "사역"인 것이다.

바울을 향한 고린도 교회 성도들의 "열렬한 마음"(1-7절)

1. 성별에 대한 권면(1절)

1) 온전한 성별을 이루면 하나님께서 성도들을 받아 주시고, 또한 성도들의 아버지가 되어 주실 것이라는 약속(고후 6:17,18)이 있기에, 거듭난 성도들은 ① 하나님을 두려워해야 하고, ② 거룩함을 온전히 이루어야 하며, ③ 육과 영의 모든 더러움에서 자신을 깨끗하게 해야 한다.

2) 알려진 형태의 모든 죄를 일컫는 "육의 더러움"에서 깨끗하게 될 뿐만 아니라, 교만, 시기, 영적 게으름과 태만, 탐욕, 자기의 의, 무관심, 섬기지 않는 것 등과 같은 "영의 더러움"에서도 깨끗하게 해야 한다.

2. 고린도 교회 성도들을 향한 바울의 사랑(2-4절)

사도 바울은 고린도 교회 성도들 그 누구에게도 잘못한 적이 없고, 그들을 타락시킨 적도 없으며, 그들에게서 속여 빼앗은 적도 없다(2절). 이렇듯 어떤 일에도 비난받을 일을 한 적이 없는 것이다(cf. 딤전 3:2, 딛 1:7). 특히 바울은 그들과 함께 죽고 살 수 있을 만큼 그들을 사랑했으니(3절), 그들에 대해 자신 있게 자랑삼아 말하기도 했다(4절). 따라서 고린도 교회 성도들이 바울과 그의 일행을 "영접하지" 못할 이유가 없었다(2절).

3. 디도가 전해 준 소식을 통해 바울이 받은 위로(5-7절)

1) 바울은 "트로아"에서 동역자 디도를 만나려고 했으나 만나지 못했고, 결

국 영이 평안하지 못한 상태에서 마케도니아로 건너갔다(고후 2:12,13). 그리고 이곳에서 사면으로 고난을 받았는데, 이렇듯 "**마케도니아**"는 바울에게 "**고난을 많이 받은 장소**"로 기억되고 있다.

2) 낙심한 자들을 위로하시는 하나님께서는 디도를 오게 하셔서 바울을 위로해 주셨고(6절), **바울은 "두 가지" 이유로 인해 위로받을 수 있었다**. ① **디도를 다시 만난 것 자체가 위로였다**. 때때로 하나님께서는 같은 믿음과 같은 생각과 같은 영을 따라 행하는 지체들을 통해 위로를 주신다. 결코, 다른 성도들에게 마음의 불편과 부담을 주는 존재가 되어서는 안 된다. 오히려 옆에 있는 것 자체만으로도 힘과 위로를 줄 수 있는 신실한 성도가 되어야 하는 것이다. ② **디도가 고린도 교회 성도들로부터 받은 그 위로는 실질적인 위로가 되었다. 왜냐하면, 이들의 사모함과 애통함과 바울을 향한 열렬한 마음이 바울의 마음에 그대로 전달되었기 때문이다**. 비록 고린도 교회는 육신적이고 시기와 분열과 음행으로 책망받는 교회였지만, 그 안에는 여전히 기둥 같고 진리의 터전 위에 올바르게 선 성도들이 있어서, 바울을 보고 싶어 했고(사모함), 바울과 함께 시련과 고난에 동참하는 성도들로서 굳건히 서 있었고(애통함), 또 바울을 그들이 따를 만한 사람으로 높이 평가하고 있었던 것이다(열렬한 마음).

■ 새롭게 깨달았거나 적용할 내용이 있다면 적어 보세요. ■

하나님의 뜻대로 하는 슬픔 vs. 세상의 슬픔(8-16절)

『나는 마음의 큰 환난과 고통 속에서 많은 눈물로 너희에게 편지를 썼나니 이는 너희로 하여금 슬프게 하려는 것이 아니요, 오히려 내가 너희에 대한 사랑을 보다 풍성히 가졌음을 너희로 알게 하려는 것이라』(고후 2:4). 이것이 바로 사도 바울이 고린도전서를 보낸 진정한 목적이었다. 물론 처음에는 <u>고린도 교회 성도들의 잘못에 대한 책망과 관련하여</u> '자신이 너무 심하게 쓴 것은 아닌지,' '다소 강한 어조로 쓴 편지 때문에 그들이 슬픔에 잠기기만 하는 것은 아닌지,' '그들을 향한 자신의 사랑을 오해하는 것은 아닌지' 등의 생각들로 인해 후회했을지라도, 오히려 이 편지가 그들의 회개를 가져왔고, 그들을 바로잡아 주었으며, 그 첫 번째 편지(고린도전서)에 대해 그들이 올바른 반응을 보였기 때문에 바울은 기뻐할 수 있었다(8,9절).

1. "하나님의 뜻대로 하는 슬픔"(10절 a)

1) 자신의 "현 상태," 곧 자신의 "존재 자체"에 대한 슬픔이기 때문에 "구원"을 가져온다.

2) "욥"의 회개(욥 42:6)와 "이사야"의 고백(사 6:5)이 "하나님의 뜻대로 하는 슬픔"에 해당하는데, 이것은 단순히 죄를 짓고 안 짓고의 차원 정도에만 머물러 있는 회개의 슬픔이 아니다.

3) "나"라고 하는 존재가 총체적으로 하나님 앞에 아무것도 아닌 죄인이고 하나님의 거룩하심과 공의를 대적하는 존재라는 점을 진정으로 후회하고 시

인하면서 그런 자신으로부터 완전히 돌아서는 회개의 슬픔이다. 이러한 회개는 자기 힘으로는 문제를 해결할 수 없다는 것을 깨닫게 하고, 하나님의 도우심을 간구하게 되는데, 결국 하나님께로 나아와 온전한 회개를 통해 구원을 받게 된다.

2. "세상의 슬픔"(10절 b)

1) 자신이 저질렀던 죄들이나 잘못된 행위들 각각에 대해 단편적이고 반복적으로 후회하는 슬픔으로서, 그 당사자를 "자신의 죄들" 자체에만 사로잡혀 있게 하여 "사망"으로 끝나게 만든다.

2) '내가 일을 엉망으로 만들었어, 내 인생을 망쳤다고, 나는 정죄를 받았고, 더 이상 할 수 있는 것이 아무것도 없는 실패자야! 지금까지 나는 아무것도 아니었다고, 차라리 죽어 버렸으면 좋겠어.' 등의 생각으로 극심한 좌절과 슬픔 속에 빠진 채, 결국 하나님께로 나아오지 않고 자신 스스로 그 문제를 바로잡으려다가 자살 내지는 여러 가지 형태의 죽음으로 생을 마감하게 된다.

두 슬픔이 가져온 결과의 차이를 잘 보여 주는 사례가 "시몬 베드로"와 "유다 이스카리옷"이다. 시몬 베드로와 유다 이스카리옷은 모두 사도로서, 예수 그리스도와 함께 삼 년 반 동안 사역했고, 병자들도 치유했다. 그들 모두 죄를 지었을 때 후회했고, 자백했으며, 그에 대한 대가도 치렀다. 그러나 베드로는 "하나님의 뜻대로 하는 슬픔"으로 후회한 결과 예수 그리스도께로 돌아와 회복된 반면, 유다는 "세상의 슬픔"으로 인해 스스로 목을 매고 자살했다. 결국, 베드로는 죽은 이후에 하늘나라에 갔지만, 유다는 죽은 이후에 끝없이 깊은 구렁으로 들어가고 말았다.

3. 하나님의 뜻대로 하는 슬픔이 가져온 복된 열매(11-16절)

1) "**고린도 교회 성도들**"은 바울의 책망을 듣고 하나님의 뜻대로 슬퍼했고, 이러한 슬픔으로 인해 그들은 회개하고 올바른 길로 돌아섰다. 그 결과 다음과 같은 "일곱 가지 증거"가 나타났다(11절). ❶ 이 슬픔이 그들 안에 간절하게 역사한 결과, 그들은 모든 일을 올바르고 신중하게 처리하려고 했다. ❷ 교회 안에 일어난 죄와 육신적인 일들에 대해 동조하거나 방치해 두지 않고, "변명," 곧 옳고 그름을 가려 사리를 밝히는 행동을 통해 말끔히 정리했다. ❸ 교회 안에 일어난 죄들에 대해 올바른 분노와 증오로 분개했다. ❹ 다시는 그러한 죄들을 가볍게 여기지 않도록 하나님을 두려워하는 법을 배우게 되었다. ❺ 그들은 더욱 사모하고, ❻ 더욱 열성을 내게 되었는데, 곧 죄를 미워하는 가운데 성경적 성별과 올바른 행실을 하고자 하는 강렬한 소망을 표출했고, 또한 그것을 실제 행동으로 옮기기 위한 열성도 낸 것이다. ❼ 교회 안에 문제의 근원이었던 그 "남자," 곧 근친상간의 음행을 저지른(고전 5:1-5) 그 당사자에게 교회 차원의 합법적인 징계를 내림으로써 올바르게 보복했고, 이처럼 참된 회개의 분명한 증거들을 보여줌으로써 그들은 이 문제에 있어 결백하다는 것을 증명했을 뿐만 아니라 바울의 책망에서도 벗어날 수 있었다.

2) "**사도 바울**"은 고린도 교회 성도들을 책망하고 바로잡으려 했던 진짜 목적이 그들을 진실로 사랑했다는 데 있었으므로, 자신의 책망에 참된 회개를 보인 그들을 향해 자신의 사랑과 간절함을 나타냈다(12절).

■ 새롭게 깨달았거나 적용할 내용이 있다면 적어 보세요. ■

바울은 첫 번째 편지(고린도전서)를 보낸 이후에 디도를 보내서 고린도 교회의 상황을 알아보려 했다. 그런데 디도가 가져온 소식은 큰 위로가 되었다(13절). 왜냐하면, 고린도 교회 성도들이 바울의 강력한 책망에 대해 반발하거나 불평하기는커녕, 오히려 권면을 잘 받아들였고, 또 온전히 회개했기 때문이다. 이에 그들은 디도를 "두려움과 떨림"으로 영접했는데(15절), 이는 그들이 "디도가 왜 왔고, 누구를 대신해서 온 것인지" 잘 알고 있었기 때문이다.

바울은 고린도 교회 성도들이 그의 동역자인 디도를 올바르게 영접하고, 그의 권면에 온전히 순종함으로써 더 굳건하게 다져졌다는 소식을 들었을 때, 큰 위로를 받았고 매우 기뻐했으며(13절), 또한 그들에 대해 했던 자랑이 결코 부끄러운 일이 아니었음을(14절) 다시 한번 확신하게 되었다. 분명 고린도 교회는 문제가 많은 육신적인 교회였다. 그러나 바울의 눈물로 쓴 편지로 그들은 자기들의 잘못과 죄들을 후회하고 회개했으며, 또 위로를 얻음으로써 올바로 서게 되었다. 이것이 바로 "그리스도인의 가능성"이다. 이제 바울은 변화된 고린도 교회 성도들을 다시 신뢰할 수 있게 되었다. 『**그러므로 나는 모든 일에 너희를 신뢰하므로 기뻐하노라**』(16절).

■ 새롭게 깨달았거나 적용할 내용이 있다면 적어 보세요. ■

제1과
복습문제

1. 『그러므로 참으로 사랑하는 자들아, 우리가 이러한 약속들을 가졌으니 하나님을 (   )으로 (   )을 온전히 이루어 육과 영의 모든 (   )에서 우리 자신을 깨끗하게 하자』(고후 7:1).

2. 『하나님의 뜻대로 하는 슬픔은 (   )을 위한 회개에 이르게 하므로 후회할 것이 없느니라. 그러나 세상의 슬픔은 (   )에 이르느니라』(고후 7:10).

3. 다음 중 "하나님의 뜻대로 하는 슬픔"과 관련이 없는 인물은? (   )
   ① 욥　　② 이사야　　③ 베드로　　④ 파라오

4. 다음 중 "세상의 슬픔"과 관련이 없는 인물은? (   )
   ① 발람　　② 유다 이스카리옷　　③ 베드로　　④ 파라오

5. 『보라, 너희가 하나님의 뜻대로 슬퍼하였던 이것이 얼마나 간절하게 너희 안에서 역사하였으며, 정녕 얼마나 변명하게 하며, 정녕 얼마나 (   )하게 하며, 정녕 얼마나 두려워하게 하며, 정녕 얼마나 (   )하게 하며, 정녕 얼마나 열성을 내게 하며, 정녕 얼마나 (   )하게 하였는가! 모든 것으로 너희는 이 문제에 있어서 스스로 결백함을 증명하였느니라』(고후 7:11).

NOTES

제2과
연보를 드리는 것에 관한 지침 I(8장)

『따라서 너희가 매사에, 즉 믿음과 언어와 지식과 모든 간절함과 너희가 우리를 사랑하는 일에 있어서 넘친 것같이 이 은혜에서도 넘치기를 바라노라』(고후 8:7).

드리는 것은 섬김의 기회

그리스도인은 예수 그리스도의 다시 오심을 기다리는 사람이다(딛 2:13). 그렇기에 이 세상을 살되 더 이상 자신을 위하여 살지 않고 하나님을 섬기며 산다(고후 5:15). 그리스도인은 지역 교회를 통해 하나님을 섬기는데, 특히 자신의 몸과 시간과 물질로 하나님을 섬긴다.

하나님을 섬기는 것은 모든 그리스도인에게 주어진 특권이며, 특별한 은혜이다. 인본주의가 만연하고 또 돈을 신처럼 받드는 것이 세상이기에, 그런 세상은 짬을 내어 하나님을 섬기는 일에 대해 대단한 희생을 치르는 것처럼, 또는 헌금을 내고 십일조를 성실하게 하는 것에 대해 대단한 믿음인 것처럼 말하지만, 그것은 은혜를 알지 못하는 무지의 소치이다. 지역 교회의 예배에 참석하고 교회의 사역에 참여하며 헌금과 십일조를 바치는 것은 섬김의 기회를 얻는 것일 뿐만 아니라 특별한 은혜임을 알아야 한다.

드리는 것에 본이 되는 마케도니아 교회들(1-9절)

1. 마케도니아 교회들의 성도들은 먼저 자신들을 주께 드렸다(5절).

성도를 위해 몸을 주시고 생명을 주신 하나님께 우리 몸의 소유권을 인정해 드리는 것은 당연한 일이다(롬 12:1,2). 더욱이 하나님께서는 성도의 몸을 요구하고 계신다(고전 6:19,20). 그렇기에 구원받은 그리스도인은 그의 몸의 소유권을 주님께 내어드려 주님께서 그의 안에서 결정하시고, 그의 몸의 지체를 다스리시게 해야 한다. 만약 그렇게 하지 않는다면 그의 몸을 다스리는 것은 마귀나 그 성도 자신 둘 중 하나가 되고 말 것이다.

자신의 몸을 온전히 내어드리지 않는 가운데, 삶의 한두 가지 영역에서 그리스도를 위해 무언가를 했다 한들 하나님께서는 그것을 받지 않으신다. 헌신이 이루어지지 않은 상태에서는 하나님께서 요구하시는 어떤 것도 합당하게 드릴 수 없다. 그렇기에 성도는 먼저 헌신을 하고 난 뒤에 하나님의 일들에 매진해야 하는 것이다.

2. 마케도니아 교회들의 성도들은 자원함으로 드렸다(3절).

먼저 능력에 따라 드렸다. 구약 성도들은 소유의 십일조를 드렸다. 은혜 아래 있는 성도들은 하나님께서 번성케 하신 대로 수입의 십일조를 드린다. 부자에게는 더 많이 바치라 하시고, 또 가난한 사람에게는 더 적게 바치라고 하지 않으시고 오히려 스스로 결정하게 하셨다. 다만 "원칙"이 있다면, 부자이든지 가난하든지 간에 자기의 수입의 십일조를 하나님의 것으로 따로 떼어 놓게 하신 것이다. 그것도 하나님께서 "번성하게 하신 것에 따라" 하라고 하셨다.

그리고 마케도니아 성도들은 능력 이상으로 드렸다. 예수 그리스도를 통해 베푸시는 풍성한 은혜 아래 있는 성도는 율법 아래 있던 성도들보다 더 많이 드릴 수 있어야 한다. 하나님께서는 받으시는 것에 있어서 다른 여러 가지 방법으로 계속해서 드리는 손길에 복 주실 것이다.

사람은 물질 앞에서 시험을 받을 때가 많다. 교회가 여러 가지 직분을 만들고 그런 직분들을 주면서 반강제적으로 이런저런 헌금을 받아내는 것은 비성경적이다. 성경대로 믿는 그리스도인의 믿음의 생활은 하나님께 바치는 물질 때문에 시험받아서는 안 된다. 돈을 내기가 아까우면 내지 않아도 된다. 아무도 왜 안 내느냐고 말할 사람이 없기 때문이다. 드리되 자원함으로 해야 한다. 그러나 성도는 항상 하나님의 돌보심 아래 있다는 사실을 숙고해야 한다.

3. 마케도니아 교회들의 성도들은 심한 궁핍에도 풍부한 연보를 넘치게 했다(2절).

드리는 은혜는 부자들에게만 주어진 것이 아니라 가난한 자에게도 주어진 것이다. 차이는 연보의 규모와 질에 있다. 일례로 누가복음 21장의 과부는 자기 생계비 전부인 두 렙돈을 드렸다. 그리고 에디오피아 선교사였던 존 타이너가 그의 사역지에서 교회 건물을 새로 짓기로 했을 때, 교회 회원 가운데 한 여인은 그 새 건물을 짓는 데 충분한 돈을 지원하려고 자신을 노예로 팔았던 일화가 있다.

하나님께서는 우리가 얼마나 많이 드렸느냐가 아니라 남겨진 것이 얼마나 많은가에 따라 연보의 가치를 평가하신다. 규모보다는 주는 자의 마음을 보시는 것이다. 그러므로 기쁘고 즐겁게 드리고 자주 드려야 한다.

4. 마케도니아 교회들의 성도들은 기쁨으로 드렸다(2절).

자기가 얻은 수익을 하나님의 은혜로 얻어진 것으로 생각하면 기쁨이 없거나 인색하게 되지 않을 것이다. 일할 수 있는 모든 여건이 조성되지 않았다면 수익도 없었을 것이기 때문이다.

만일 어떤 성도의 직업이나 사업이 하나님께서 이루어 주시지 않은 것이라면 바치지 않아도 된다. 그러나 성도의 삶 가운데 하나님께서 모르시는 부분이 있을 수 있겠는가!

5. 주는 것은 받은 은혜를 표시하는 것이며, 사랑의 진지함을 증명하는 것이다(7,8절).

고린도 교회 성도들에게는 『**믿음**』과 증거할 수 있는 능력인 『**언어**』와 성경에 대한 『**지식**』과 주님을 위한 『**모든 간절함**』과 사도 바울과 그의 동역자들에게 보인 『**사랑**』이 넘쳤다. 사도 바울이 원한 것은 그들이 이 모든 일에 넘친 것만큼 베푸는 일에도 넘치라는 것이었다. 그렇게 해서 심한 궁핍 가운데도 풍부한 연보를 넘치게 한 마케도니아 교회들의 열성을 통해 고린도 교회의 성도들이 같은 열성을 내도록 독려하고, 이를 통해 마케도니아인들이 베풀어서 얻은 그 동일한 은혜를 얻고 성장하기를 원하는 것이다.

6. "은혜" 는 그리스도를 희생시켜 베푸시는 하나님의 부요하심이다(9절).

드리는 것과 은혜(10-15절)

1. 하나님께서는 기꺼이 드리고자 하는 마음을 원하신다. 그런 마음을 먼저 드리게 되면, 적고 많음에 상관없이 우리가 기꺼이 드리는 것을 기쁘게 받아 주실 것이다(11,12절).

주님께 드리는 일에 있어서 모든 필요와 환경은 하나님께서 채우시고 조성해 주신다. 예를 들어 선교지에서 일꾼을 필요로 하실 때 주님은 적합한 사람을 부르시고, 필요를 공급해 주시며, 입히시고, 그 사역지로 데려다 놓으실 것이다. 하지만 그 전에 "정말로 자신을 기꺼이 드리고자 하는지" 그 마음을 먼저 시험하실 것이다. "사역에 의지가 있는가"와 "하나님의 뜻에 복종하는가"에 대해 시험하시는 것이다. 이에 어떻게 반응하느냐에 따라 그 사람의 인생행로가 결정된다. 만일 기꺼이 하나님의 뜻을 행하고자 한다면 하나님께서는 그 사람이 설령 그 일을 할 수 없을지라도 드리고자 하는 그 사람의 마음을 받으실 것이다. 그러나 자신의 마음을 어느 한쪽으로 미리 정해놓고 하나님께 굴복하지 않으면 곤경에 빠지게 될 것이다.

2. 주님께서 허락하시는 "균등함"은 예루살렘의 가난한 성도들의 어려운 처지를 개선하려고 노력하는 것이 아니다.

궁핍에 처한 다른 그리스도인들을 돕도록 하나님께서는 고린도 교회에 공급하신 풍요함을 사용하시는 것이다. 즉 하나님께서 당신을 다른 이들을 위한 복으로 사용하시도록 자산을 주님께 내어 드려야 하는 것이다(13절). 하나님께서는 광야의 이스라엘 백성에게 만나를 주심으로 그들의 필요를 공급해 주셨지만, 필요 이상으로 거두었던 "탐욕" 때문에 벌레가 생겼다. 만나는 『**각 사람이 자기의 식량에 따라**』 하루를 기준으로 공급되었기 때문이다. 결과적으로 모든 백성이 각자의 허기를 채우는 데 필요한 양을 정확하게 거두게 하셨던 것이다(15절, 출 16:18).

하나님께 드린 연보를 다루는 일에 대해(16-24절)

1. 사도 바울은 거둬진 연보를 다루는 일에 신중했다.

그 누구도 자신이나 디도가 그 돈을 도둑질하거나 착복했다고 손가락질하며 비난하는 것을 원치 않았기 때문이다. 그렇기에 성실함이 입증되었고 교회들로부터 신뢰를 받는 디도와 실라를 같이 보내 서로를 감독하게 했고, 바울은 그들 모두에 대해 이중 감독관 역할을 했다(22,23절, 행 18:5; 15:25-27).

2. 성도들이 드린 연보를 사용하는 일에 대해 비난받을 것이 없어야 한다 (20,21절).

첫째, 헌금과 십일조는 목사가 임의로 쓰는 것이 아니라 교회가 꼭 필요한 일에 성도의 동의를 얻어 사용해야 한다. 교회 운영에는 건물관리(건물이 없으면 임대료와 관리비), 목사와 직원들의 급료, 차량유지비, 선교비, 일반 행정비 등이 포함된다. 둘째, 교회는 1개월에 한 번씩 수입과 지출의 명세표를 게시판에 게시하여 온 성도가 그들이 내는 돈이 어떻게 쓰이는가를 알게 하는 것이 좋다. 셋째, 교회가 하나님의 돈을 받아 세상을 위해 쓰는 것은 난센스이다. 하나님의 돈으로 특정 국가에 병원을 지어주거나, 연말연시 불우이웃 돕기에 참여하거나, 난민들을 돕는 일을 하면서 그런 일을 하나님의 일이라고 해서는 안 된다. 이 세상에서 기본적으로 교회가 해야 할 일은 구원의 복음을 전하고 구원받은 사람들을 교회로 모아 그들에게 말씀을 가르쳐 그리스도의 군사가 되게 하는 일이다. 넷째, 교회 재정을 성도들에게 알릴 필요는 있지만, 재정을 위해 별도로 설교하는 것은 바람직하지 않다. 하나님께서 돌보시는 교회는 돈 때문에 설교한 적도 없고, 또 돈에 관한 설교를 할 필요도 느끼지 않는다. 목자는 성도들 가운데서 누가 얼마를 헌금하는지 알 필요가 없으며, 마찬가지로 목사가 알고 있다는 이유로 바치는 물질의 액수가 달라져서도 안 된다.

■ 새롭게 깨달았거나 적용할 내용이 있다면 적어 보세요. ■

제2과
복습문제

1. 그리스도인이 자신의 몸과 시간과 물질로 하나님을 섬기는 것은 그리스도인에게 주신 특권이자 특별한 ( )이다.

2. 하나님을 섬기겠다고 나서기 전에 선행되어야 하는 것은 자신을 주님께 드리는 것, 즉 ( )이다.

3. 은혜 아래 있는 성도들은 율법 아래 있던 성도들보다 더 많이 드릴 수 있어야 한다. 마케도니아 교회들의 성도들이 능력 이상으로 자원하였던 것처럼 빚을 얻어서라도 드려야 한다. (O , X)

4. 주는 것은 받은 은혜를 표시하는 것이며, 사랑의 ( )을 증명하는 것이다.

5. 하나님께서 원하시는 것은 "기꺼이 드리고자 하는 마음"이다. 그 마음을 받으시고 베푸시는 은혜에 따르면, 그 마음을 사용하시기 위해 부르시고, 필요를 채우시고, 환경을 조성하셔서 그 헌신을 통해 열매를 맺도록 인도하신다. (O , X)

6. 주님께서 허락하시는 ( )은 가난한 성도들의 어려운 처지를 개선하려고 노력하는 것이 아니다. 궁핍에 처한 다른 그리스도인들을 돕도록 하나님께서 부유한 성도에게 공급하신 풍요함을 사용하시는 것이다. 따라서 그는 하나님께서 그를 다른 이들을 위한 복으로 사용하시도록 그 자신을 주님께 내어 드려야 한다.

NOTES

NOTES

제3과

연보를 드리는 것에 관한 지침 Ⅱ(9장)

『하나님께서는 너희에게 모든 은혜를 넘치게 하실 수 있나니 모든 것을 언제나 너희가 필요한 대로 가질 수 있게 하심으로 모든 선한 일에 넘치게 하시려는 것이라』(고후 9:8).

성도들을 섬기는 일(1-5절)

1. 그리스도인들은 서로를 독려해서 선한 일을 하게 해야 한다.

옳은 일을 하도록 서로를 분발시키는 것은 좋은 일이며 어떤 모양으로든지 도움이 된다. 그렇기에 그런 일들이 생기면 다른 그리스도인을 시기하거나 불쾌하게 여겨서는 안 된다. 대신 그 일에 대해 하나님께 감사해야 한다(2절). "아카야"에서는 지난해부터 연보를 준비했다는 바울의 말에 고무되어, 마게도니아인들은 그렇게 할 여력이 없었음에도 바울에게 줄 연보를 충분히 모을 때까지 연보를 바쳤다(고후 8:1-6).

2. 사도 바울은 고린도 교회 성도들을 사랑했고, 그들의 열성에 대해 자랑했으며, 그러한 평판이 방문객들 앞에서도 그대로 유지되기를 원했기에 디도와 실라를 먼저 보내 그러한 문제를 확실히 하고자 했다. 사도 바울이 했던 그 자랑에 어울리는 모습으로 드러나기를 원한 것이다(4절).

3. 미리 준비하고 따로 떼어 두어야 한다(5절).

사탄은 물질을 바치고 난 그리스도인에게 "아까워하는 마음"을 넣어주기 좋아한다. 하지만 사탄의 시험에 빠지지 않는 신실한 성도는 바치고 나서도 교회에 다른 어려움이 없는가를 놓고 기도한다. 피치 못할 사정이 생겨서 예배에 출석할 수 없게 되었다고 해서 바쳐야 할 헌금과 십일조까지 바치지 않는다면 하나님께 두 번 결례하는 것이 된다. 성도는 하나님께서 따로 떼어놓으신 지체들로서, 하나님께 드릴 것을 따로 떼어 놓는 것이 바람직하다.

추수의 법칙(6-9절)

1. 심는 것을 거둔다(갈 6:7,8).

자신의 육신에 심는 자는 그 육신이 낳을 수 있는 것, 즉 "썩은 것"을 거둘 것이지만, 생명의 영이신 성령에 심는 자는 "영생"을 거둘 것이다.

2. 언제나 심는 것보다 더 많이 거둔다(요 12:24).

3. 어떻게 심느냐에 따라 거둔다(고후 9:6).

만일 적게 심는다면 적게 거둘 것이고 많이 심는다면 많이 거둘 것이다. 심는 모든 씨가 좋은 열매를 맺지는 않을지라도 많이 심을수록 많이 거둘 것이라는 이치에는 변함이 없다. 사업에서 사람들이 부자가 되는 것은 돈을 투자해서 그런 것이지 그것을 남몰래 저장해 두어서 그런 것이 아니다.

4. 미래에 거둘 것이다(갈 6:9).

어쩌면 그것은 이곳 지상이 아닐 수도 있다. 그리스도의 심판석에 가서야 추수한 것을 볼지도 모르지만, 분명한 것은 때가 되면 반드시 거둔다는 점이다.

5. 베푸는 데 있어서 최소한도는 없다.

얼마나 드릴 것인가는 십일조가 기본이지만 주님과 함께 마음으로 결정할 수 있다. 어떻게 결정을 하고 그 결정한 것을 주님과 함께 어떻게 성취했는가에 따라 보상해 주실 것이다. 얼마나 많이 드리고, 또 그것을 통해 얼마나 주님으로부터 보상받게 되는지 확인해 보라.

6. 기꺼이 드려야 한다(7절).

비율에 따라서 뿐만 아니라, 체계적으로 드리고, 개인적으로도 드려야 한다. 우리가 누리고 있는 건강, 좋은 직업, 외모, 구원받은 가족, 성도 간에 서로를 격려하는 교제 등과 같은 이런 모든 것들은 누구에게서 받아 누리는 것인가! 그것을 생각하면 어떻게 인색할 수 있겠는가? 그렇게 많이 주신 분께 되돌려 드릴 수 있다는 것은 대단한 특권과 기쁨이다. 즐겁게 드리라. 자신이 가진 모든 것, 심지어 자신의 생명까지도 주신 하나님께 희생적으로 드리라. 하나님께서는 그런 성도를 사랑하신다. 기쁨으로 드리는 자는 드린 후에 남는 것이 얼마인가에 대해 그 어떤 걱정이나 염려도 없이 주님께 진정으로 드릴 수 있는 것이다.

기꺼이 드린 것에 대한 일화가 있다. 하나님의 사업가로 불렸던 "르투르노"(R.G. Letourneau)는 그가 독립적인 사업을 시작했을 때 수입의 10%를 드렸다. 그리고 하나님께서 사업을 번성케 해 주심에 따라 20%에서 50% 이상까지 드렸다. 이처럼 하나님께서는 드리는 자에게 풍성하게 주신다. 우리가 할 일은 이 문제에 있어서 매일 하나님을 증명하는 것이다. 그래서 말라기 3:10에서는 하나님께 드리는 것에 관해 하나님을 시험해 보라고까지 도전하고 계신다. 드리는 일을 마치 사업처럼 하라. 주의해서 회계(결산)하고, 하나님께서 번성케 하신 대로 저축하여 두어서 매주 첫날 기쁨으로 드리라. 가장뿐만 아니라 엄마도, 아이들도 개인적으로 드리라. 사업의 규모를 늘려가듯 하나님께 드리는 것을 점차 늘려나가 보라.

성도가 기쁨으로 드린다면 다음과 같은 다섯 가지 일이 일어난다. 첫째, 드린 것보다 더 많이 돌려받는다(6절). 둘째, 베푼 사람은 그것을 받은 사람에게 개인적인 복이 된다(12절). 셋째, 그들의 필요를 공급하고, 그들은 그것을 "기도 응답"으로 여긴다(11,14절). 넷째, 그에 대한 보답으로 그들은 필요를 공급한 사람을 위해 기도하고, 그 필요를 공급한 사람으로 인해 하나님께 감사를 드린다. 마지막으로 응답된 기도로 인해 하나님께서 찬양을 받으신다(11,12,15절).

『만군의 **主**가 말하노니, 너희는 모든 십일조를 창고에 들여와 내 집에 식량이 있게 하고, 이제 그것으로 나를 시험하여 내가 하늘의 창문들을 열어 너희에게 복을 부어 주지 않나 보라. 그것을 받을 만한 충분한 장소가 없으리라』(말 3:10).

7. 주님께서 원하시는 것은 성도가 주님을 위해 하고 싶은 것을 언제든지 하게 되는 것이며, 그 일을 위해 필요한 모든 것을 주님께서 채워 주시는 것이다(8절).

그러나 그 약속은 조건적이다. 먼저 넉넉하게 기쁨으로 드리는 그리스도인에게 해당하는 것이다.

8. 그리스도인은 예수 그리스도의 의를 소유한 성도로서의 "교리적인 신분"을 지니고 있고, 또 그 몸 안에서 실행하는 "실질적인 의"도 갖고 있다.

그 실질적인 의는 『**그리스도 예수 안에서 선한 일들을**』(엡 2:10) 행하고 『**선한 일들에 유념하여 진력**』(딛 3:8)함으로써 얻게 된다. 하늘나라에 가면 그 의는 우리의 영적인 몸을 위한 옷이 될 것이다. 그 옷이 질적으로 얼마나 좋은가는 지금 이 땅에서 그리스도와 그분의 성도들을 향한 사랑의 마음에서 행한 일에 달려 있다(9절).

관대한 나눔의 결과(10-15절)

1. 하나님의 뜻을 따라 하나님을 잘 섬길 수 있도록 해 주는 모든 필요는 하나님께서 공급하신다(10절).

농부에게 심을 씨를 주시는 분은 하나님이시며, 하나님께서 그 씨를 자라게 하시고 열매를 맺게 하신다. 하나님께서 열매를 맺게 하시는 목적은 농부는 물론 그것을 필요로 하는 가난한 사람들을 먹일 수 있게 하시려는 데 있다. 그렇기에 먼저 자신에게 주신 것으로 옳게 행하면 하나님께서는 그것에 대해 반드시 보상해 주신다. 여기에서 "씨"는 "하나님의 말씀"이며(막 4:14), "씨 뿌리는 자"는 "그리스도"이시다(마 13:37). 그리스도인은 그리스도의 대사이다(고후 5:20). 그리스도께서는 자신의 대사들에게 말씀을 공급하셔서 먹이시고, 또 그 말씀을 심게 하신다. 심게 하신 그 말씀을 통해 사람들을 그리스도께로 이겨오게 하시고, 다른 그리스도인들이 선한 일을 하도록 독려하시며, 열매를 맺는 의를 주신다.

2. 하나님께서 성도들에게 베푸시는 부요함의 목적은 주님을 섬기는 일에 필요를 공급하시는 것에 있다. 개인적인 부나 번영이 목표가 아니다.

드린 것에 대해 액면 그대로 보상을 기대하고 요구하는 것 자체는 난센스이다. 필요를 공급받은 성도는 자신을 통해 그것을 채우신 것에 대해 하나님께 감사와 찬송을 드린다. 주님께서 공급하시는 통로로 사용하시기 위해 성도의 필요를 채워 주시면, 성도는 주님께서 의도하신 목적대로 드리게 된 것으로 인해 감사와 찬양을 드린다. 또한, 드린 것에 대해 주님께서 갚아주실 때, 다시금 공급하신 하나님께 감사와 찬양을 드리게 될 것이다(11,12절).

3. 고린도 교회 성도들의 선물을 받는 사람들은 그들을 향한 고린도 교회 성도들의 관대함을 기뻐했고, 또 그 관대함이 주님을 향한 고린도 교회 성도들의 순종의 증거가 되기 때문에 기뻐했다(13절).

그리스도인이 구원받았음을 증명하는 뛰어난 증거들 가운데 하나는 그의 관대함이다. 주는 법을 배운 것이다. 하나님의 용서하심을 받은 사람이라면 다른 사람들에게 더 관대해지려고 하는 것이 인지상정일 것이다. 구원받기 전보다 사람들을 더 너그럽게 대하려고 할 것이고, 주는 일에서도 관대하려고 노력할 것이다.

4. 그리스도인이 베풀 때 그 선물을 받는 이들은 그것을 베푼 사람을 위해 더 많이 기도한다.

또한, 하나님께서 베푸신 은혜를 기억하고 스스로가 은혜를 베푸시는 통로가 되기를 사모하게 된다(14절).

5. 그리스도인이 베푸는 것은 하나님께서 우리에게 베푸시는 것에 바탕을 두고 있다(15절).

말로 다 표현할 수 없는 『**하나님의 선물은 예수 그리스도 우리 주로 말미암은**

영원한 생명』(롬 6:23)이다. 그것을 받은 그리스도인의 유일한 고백은 "나의 모든 것은 주님으로부터 받은 것입니다."이다. 그 받은 것을 주님을 위해 사용하라.

■ 새롭게 깨달았거나 적용할 내용이 있다면 적어 보세요 ■

제3과
복습문제

1. 『하나님께서는 너희에게 모든 은혜를 넘치게 하실 수 있나니 모든 것을 언제나 너희가 필요한 대로 가질 수 있게 하심으로 모든 (   )에 넘치게 하시려는 것이라』(고후 9:8).

2. 심는 것을 거둔다(갈 6:7,8). 만일 썩은 육신에 심으면 "썩은 것"을 거두지만, 생명의 영이신 성령에 심으면 (   )을 거두게 된다.

3. 연보는 미리 준비하고 따로 떼어 두어야 한다. (O , X)

4. 말라키 3:10은 하나님께 드리는 것에 관해 하나님을 시험해 보라고 도전하고 있다. 『만군의 주가 말하노니, 너희는 모든 (   )를 창고에 들여와 내 집에 식량이 있게 하고, 이제 그것으로 나를 시험하여 내가 하늘의 창문들을 열어 너희에게 복을 부어 주지 않나 보라. 그것을 받을 만한 충분한 장소가 없으리라』(말 3:10).

5. 주님께서 원하시는 것은 성도가 주님을 위해 하고 싶은 것을 언제든지 하게 되는 것이며, 그 일을 위해 모든 (   )를 주님께서 채워 주시는 것이다. 그러나 그 약속은 조건적이며, 넉넉하게 기쁨으로 드리는 그리스도인에게 해당하는 약속이다.

6. 거듭난 그리스도인의 구원을 증명하는 뛰어난 증거들 가운데 하나는 그의 관대함이다. (O , X)

NOTES

제4과
사역자의 영적 무기들(10장)

『(우리의 전쟁 무기는 육신적인 것이 아니요, 오직 하나님을 통하여 견고한 요새들을 무너뜨리는 능력이라.)』(고후 10:4).

성경대로 믿는 사역자의 영적인 무기들(1-6절)

고린도 교회 내에 바울을 대적했던 자들은 바울이 자기들과 떨어져 있을 때는 담대하게 보여도 직접 대할 때는 연약하고 언변도 하찮을 만큼 비천한 사람이라고 평가절하했다(1,10절). 아무리 믿음이 훌륭한 신실한 사역자라 할지라도 그 진가를 알아보는 사람만 알아보는 법이다. 어쨌든 바울은 그런 그들의 평가에 대해 고의로 맞장구쳐 주면서 빈정대고 있다(1절). 하지만 그렇다고 해서 그의 마음이 그런 인간적인 평가에 휩쓸려 육신적으로 대응하거나 감정적으로 치우쳐 화를 낸다든지 함으로써 다른 불필요한 문제들을 일으키지 않고, 오히려 그리스도의 온유함과 공손함으로 다가가 그들을 권고하고 바르게 세우는 데만 주력할 것이라고 응수했다(1절). 이에 사탄은 계속해서 거짓 교사들을 부추겨 바울에 대해 혹평들을 늘어놓게 함으로써, 바울의 육신적인 성향을 끌어내려고 했다. 그러나 바울은 이런 비난들에 휩쓸려 감정적으로 흥분하거나 동요하지 않았고, 육신적으로 대응하는 그런 "육신적인 사람"이 되지 않을 거라고 자신의 확고한 견해를 밝혔다. 그래서 그런 오해까지 완전히 불식하고자 그들과 함께 있을 때 "담대하게 되지 않기를 간구한다"고 말했던 것이다(2절).

■ 새롭게 깨달았거나 적용할 내용이 있다면 적어 보세요. ■

1. 사역자의 무기는 "육신" 이 아니다(3절).

거듭난 그리스도인은 "물리적(표면적)으로는" 육신 안에 있고, 또 육신 안에서 행하는 사람들이지만, "영적으로는" 육신 안에 있지 않고 성령 하나님 안에 있다(롬 8:9). 따라서 성경대로 믿는 사역자는 육신(겉 사람)을 따라 행동하거나 육신(겉 사람)을 따라 싸우지 않는다. 오직 속 사람을 따라 하나님의 법에 속한 생각의 법을 통해 죄의 법과 싸울 뿐(롬 7:22,23), 결코 육신의 정욕을 따라 싸우지 않는다.

2. 사역자의 전쟁 무기는 "영적인 것" 이다(4-6절).

1) "**무기**" ➠ "하나님을 통해 견고한 요새들을 무너뜨리는 능력"(4절)

2) "**공략 대상**" ➠ "견고한 요새들"(5절) ❶ 더러운 상상이나 죄와 연관된 "여러 가지 구상"(상상, imagination) ❷ 하나님을 대적하여 스스로 추켜세운 "모든 높은 것들" ❸ 허무하고(시 94:11), 어리석으며(잠 24:9; 29:11), 불의하고(사 55:7), 헛되고(렘 4:14, 고전 3:20), 악하며(겔 38:10, 마 15:19, 막 7:21, 약 2:4), 육신적이고 하나님과 원수가 되는(롬 8:7) "모든 생각"

3) "**무너트리는 방법**" ➠ "하나님의 능력"(5절) ❶ 이 능력은 "예수 그리스도의 보혈"을 통해 나온다(히 9:14). ❷ 이 능력은 "하나님의 말씀"을 통해 나온다(엡 6:17). ❸ 이 능력은 "기도"를 통해 나온다(엡 6:18).

이러한 영적 무기들을 통해 우리의 모든 생각을 사로잡아 예수 그리스도께 복종시켜야 한다. 각 성도의 영적 전쟁은 모든 생각을 사로잡아 그리스도께 복종케 했을 때 비로소 끝이 난다. 성령의 능력 안에서 끊임없이 기도하고, 하나님의 말씀 가운데 예수 그리스도께 온전히 순종할 때, 즉 우리의 몸을 죽은 것으로 여기고 그리스도께서 그 몸을 전적으로 관리하시도록 내어드릴 때, 우리는 "죄 없는 거룩한 삶"으로 한 발짝 가까이 다가설 수 있게 된다. 그리고 이러한 복종이 이루어지면 모든 불복종을 응징할 준비를 갖추게 된다. 내적으로 일어나는 영적 전쟁에서 승리했을 때 외적으로 다가오는 영적 전쟁에서도 승리할 수 있는 것이다.

자신의 "사도적 권위"를 변호하는 바울(7-18절)

고린도 교회 성도들 대부분은 사도 바울을 "의로운 판단," 곧 하나님의 말씀에 따른 판단이 아니라 "외모"로 판단했는데, 그 결과 바울의 "사도직"은 물론 "구원"까지도 의심하고 혹평했다(7절). 이에 바울은 자신의 "사도적 권위"가 하나님께서 주신 권위임을 강조했다(8절).

지금 고린도 교회 안에서 일어나고 있는 문제는 바울을 싫어하고 대적하는 자들이 교회 안에서 영향력을 행사하는 가운데 계속 바울을 깎아내리고 있다는 점이다. 그렇게 함으로써 고린도 교회 성도들이 바울의 사도적 권위에 대해 신뢰하지 못하도록 만들었다. 분명 바울의 편지들은 고린도 교회 성도들을 놀라게 할 만큼 힘이 있었다(9절). 그런데 이에 대해 바울의 대적들은 바울이 눈에 안 보일 때나 큰소리치는 것이지 "별거 아니다"라고 혹평했다. 그래서 그들은 직접 대할 때는 언변이 하찮고(10절) 서툴다며(고후 11:6) 바울을 비방했다(cf. 고전 2:4). 이에 바울은 그런 자들을 향해 자신의 견해를 확실히 밝혀 두고 있는데, 정말로 그런 자들이 자기에게서 보기 원하는 것이 강한 모습이라면, 편지에서 보여 주었던 것처럼 직접 대할 때도 편지와 똑같이 강한 모습으로 다루어 주겠노라고 경고하는 것이다. 『**그러한 사람은 이것을 생각해야 하리니 즉 우리가 함께 있지 않을 때 편지로 말하는 것이 함께 있을 때 행동으로 하는 것과 같다는 것이라**』(11절).

바울을 대적하고 헐뜯었던 자들은 자기들끼리 비교하고 평가하면서 자기 자신을 칭찬하고 높이며 자부심을 느끼고 있었는데, 실로 현명하지 못한 자들이다(12절). 그런 식으로 자신을 칭찬하는 것은 어리석은 짓이며, 또한 칭찬은 스스로 한다고 해서 인정받는 것이 아니라 주님께서 칭찬하실 때 진정한 인정을 받을 수 있다(18절).

어떤 성도도 각자에게 주어진 정도를 넘어서 필요 이상으로 자랑해서는 안 된다(13절). 자랑하더라도 하나님께서 각자에게 주신 규범의 정도 안에서 자랑할 뿐이다. 바울에게도 그에게 맡겨진 사역의 범위와 규범의 정도가 있었다. 그래서 다른 사람의 규범 안에서 다른 사람들이 이룩해 놓은 일들을 두고, 마치 자기가 이룬 것인 양 자기 열매로 취하고 자랑하지 않았다. 모든 성도는 각자의 규범 안에 머물러 있어야 한다. 다른 사람의 규범에 대해 이러쿵저러쿵 떠들거나 신경 쓸 필요가 없다(갈 6:4). 하나님께서 우리 각자에게 행하라고 주신 규범 안에서 신실하게 사역하면 되는 것이다.

사도 바울에게 주어진 규범의 정도는 고린도 교회 성도들에게까지 미쳐 있었는데(13절), 이는 그가 그들에게 직접 그리스도의 복음을 전파했고, 하나님의 말씀에 따라 고린도 교회를 세웠으며, 또 그들을 가르쳤기 때문이다(14절, cf. 고전 4:15). 따라서 바울이 했던 자랑은 다른 사람들이 수고한 것을 가지고 정도를 넘어서 하는 자랑이 아니었다. 다만 이들에게 바라는 한 가지 희망이 있다면, 고린도 교회 안에서 그 영역을 크게 확장하는 일이었다(15절). 물론 그렇게 하려는 목적은 그저 다른 사람들이 이룩해 놓은 것으로 자랑하고 싶은 욕망 때문이 아니었다. 단 한 가지, 곧 이들의 영역을 넘어서 이들의 도움을 얻는 가운데 다른 사람들에게도 복음을 전하려는 것이었다(16절). 다시 말해 이들의 영역을 넘어 로마 그리고 스페인까지 가서 마음껏 복음을 전하려 했던 것이다.

그러나 이 모든 사역에 있어서 열매를 주시고 그 사역을 주도하시는 분은 하나님이시다. 따라서 모든 성도, 특히 하나님께서 세우신 사역자는 자기 자신을 자랑할 것이 아니라 이 모든 역사를 이루신 하나님만을 자랑할 수 있어야 한다(17절). 아무리 사람들로부터 칭찬을 받는 사람이라 할지라도 주님으로부터 칭찬을 듣지 못하면 그 사람은 실패한 인생을 산 것이 된다. 그러나 모든 사람이 비난해도 주님으로부터 칭찬을 들었다면 그것은 성공한 인생이다. 주님께서 칭찬하시고 있다면, 자기 자신을 포함하여 다른 어떤 사람이 뭐라 하든지 그것은 조금도 중요하지 않다!

■ 새롭게 깨달았거나 적용할 내용이 있다면 적어 보세요. ■

제4과
복습문제

1. 거듭난 그리스도인이라 해도 "물리적(표면적)으로는" 육신 안에 있고, 또 육신 안에서 행하는 사람들이기 때문에, 사역하다 보면 육신을 따라 싸워야 할 때가 있는 법이다. (O , X)

2. 『(우리의 전쟁 무기는 육신적인 것이 아니요, 오직 (　　　　　　)을 통하여 견고한 (　　　　　　)을 무너뜨리는 능력이라.)』(고후 10:4).

3. 견고한 요새들을 무너트리는 하나님의 능력은 "예수 그리스도의 (　　　　)"과 "하나님의 (　　　　　　)"과 "(　　　　　　)"를 통해 나온다.

4. 모든 사람이 비난해도 주님으로부터 칭찬을 들었다면 그것은 성공한 인생이다. 주님께서 칭찬하시고 있다면, 자기 자신을 포함하여 다른 어떤 사람이 뭐라 하든지 그것은 조금도 중요하지 않다! (O , X)

5. 『그러나 자랑하는 자는 (　　　)를 자랑하라. 이는 스스로 칭찬하는 사람이 인정을 받는 것이 아니요, (　　　)께서 칭찬하시는 사람이 인정을 받기 때문이라』(고후 10:17,18).

■ 새롭게 깨달았거나 적용할 내용이 있다면 적어 보세요. ■

NOTES

제5과

사도의 자격 비난에 대한 바울의 변호(11장)

『나는 내가 지극히 위대한 사도들에게 뒤진 것이 없다고 생각하노라』(고후 11:5).

바울의 경건한 질투

『나는 너희가 좀 어리석은 나를 용납해 주기 바라노라. 부디 나를 용납하라. 이는 내가 경건한 질투로 너희에게 질투를 느낌이라. 내가 너희를 한 남편에게 정혼시켰나니 이는 한 순결한 처녀로 너희를 그리스도께 바치려는 것이라. 나는 뱀이 그의 간계로 이브를 속인 것같이 너희의 마음도 어떤 방법으로든 그리스도 안에 있는 단순함에서 떠나 부패할까 두려워하노라. 만일 누가 와서 우리가 전파하지 아니한 또 다른 예수를 전파하거나 너희가 받아들이지 않은 또 다른 영을 받거나 너희가 영접하지 않은 또 다른 복음을 전파하면 너희가 그를 잘 용납하는도다』(1-4절).

사도 바울은 오직 "바보"만이 할 수 있는 자기 자랑을 늘어놓으려고 한다. **바울이 그의 지위와 사역에 관해 자랑하려고 하는 이유는 고린도 교회 성도들이 바울의 대적들 때문에 잘못된 길로 들어서고 있었기 때문이다**. 바울은 그가 "실은" 육신적이고 약한 사람이라고 비방하는 자들에게(10:2,10) 맞서서 자신의 사도적 권위를 고린도 교회에 확인시켜 줄 수밖에 없었다. **바울에게 가해졌던 중상모략은 그가 "이중적인 사람"이라는 것이었는데, 이 점은 사역자들뿐만 아니라 모든 그리스도인이 주의해야 할 부분이다**. 그리스도인은 늘 한결같아야 한다. 강단 안에서 다르고 강단 밖에서 다른 이중적인 모습을 보여서는 안 된다. 교회에 있든지 혹은 침실, 욕실, 거실, 식당, 주방, 정원, 직장 등에 있든지 동일한 "그리스도인"이어야 하는 것이다.

사도 바울이 자신을 스스로 자랑하려고 하는 것은 자기 미화가 목적이 아니었다. 다만 바울의 대적자들이 그의 회심자들을 훔쳐 가서 거짓 교리를(4절) 주입하려는 것을 막기 위해 바울 자신이 마땅히 말해야 할 것을 말하려고 하는 것일 뿐이었다. 『**내가 하고 있는 일을 계속하리니 이는 기회를 찾는 자들에게서 그 기회를 끊어 버림으로써 그들이 자랑하는 그 일에 대하여 그들이 우리와 동등하게 보이게 하려 함이라**』(12절).

사도 바울은 고린도 교회 성도들에게 "경건한 질투"를 느꼈다(2절). 바울이 느낀 경건한 질투는 하나님의 백성이 거짓 신들을 따르지 않게 하려고 주님께서 그들을 향해 갖고 계시던 관심과 같은 것이었다(출 20:5; 34:14). 사도 바울이 질투하는 이유는 그가 고린도 교회와 그 지역 교회의 구원받은 성도들을 『**한 남편**』, 곧 예수 그리스도께 정혼시켰기 때문이다. 그들은 『**한 순결한 처녀**』로서 『**한 남편**』께 바쳐졌는데, 그들에게 『**또 다른 예수**』가 전파됨으로써 그들의 순결이 더럽혀지려고 했던 것이다(4절).

고린도 교회 성도들은 바울의 대적자들에게 속아 『**그리스도 안에 있는 단순함**』에서 떠나 부패할 위험에 놓여 있었다(3절). 『**그리스도 안에 있는 단순함**』이라는 말씀은 참으로 위대한 말씀인데, 그것은 너무나 단순해서 그것을 믿지 않는 사람들이 대부분이다. 결국, 그들은 "예수 그리스도께서 그들의 모든 죗값을 치러 주셨고 그들의 모든 죄가 용서되고 제거되었으니, 예수님을 구주로 믿고 영접하여 하늘나라로 가라."라는 단순한 복음을 거부함으로써 지옥에 간다. 그러나 빌립보의 간수는 『**내가 구원을 받으려면 어떻게 해야 하나이까?**』(행 16:30)라는 질문에 대해 『**주 예수 그리스도를 믿으라. 그리하면 너와 네 집안이 구원을 받으리라.**』(행 16:31)라는 말씀을 듣고서 그 말씀을 단순하게 믿고 구원을 받았다. 복음은 이처럼 단순한데도(고전 15:1-4) 고린도 교회에는 그 단순한 진리를 복잡하고 혼란스럽게 만드는 무리가 들어와 있었던 것이다. 바울의 대적자들은 『**또 다른 예수**』, 『**또 다른 영**』, 『**또 다른 복음**』을 전파했고, 그들은 『**거짓 사도들**』, 『**기만하는 일꾼들**』, 『**그리스도의 사도들로 가장하는 자들**』이라고 불렸다(13-15

절). 이 모든 것은 진품에 대한 사탄의 모조품들이다. 사탄의 모조품들은 성경의 용어들로 그럴듯하게 포장되어 있다는 데 큰 문제가 있다. 마귀에게도 자신만의 성경과 교회, 성경 교사들, 교회 회원들, 의식들, 찬양, 기도, 경배, 제자들, 구령의 노력, 거룩한 날들, 거룩한 장소들이 있는 것이다. 그 모조품들을 이해하려면, 진품들을 먼저 제대로 알아야 한다. 사도 바울은 모조품들과 관련하여 갈라디아의 교회들에 편지를 썼는데(갈 1:6), 그것은 왜곡된 복음으로서(갈 1:7), 그것을 전하는 자들은 결국 저주를 받게 된다는 내용이었다(갈 1:8).

지극히 위대한 사도 vs. 사탄의 종들

『나는 내가 지극히 위대한 사도들에게 뒤진 것이 없다고 생각하노라. 비록 언변에 있어서는 서툴지만 지식에 있어서는 그렇지 아니하노라. 오히려 우리는 모든 일에 있어서 너희 가운데서 온전히 나타내 보였느니라. 혹 내가 너희를 높이려고 나 자신을 낮추어 하나님의 복음을 값없이 전하였다고 해서 너희에게 죄를 진 것이냐? 내가 너희에게 봉사하기 위하여 다른 교회들에게 삯을 받은 것이 그들에게서 탈취한 셈이니라』(5-8절).

본문 5절에서부터 바울은 그의 사도직에 대한 방어를 시작하는데, "하나님께서 부르신 사도"와 "거짓 사도들" 사이의 차이점을 보여 주려고 한다. 사도 바울은 『**하찮다**』고 묘사되는 "서툰 언변"과 "약함"이 알려진 게 분명한데(고후 10:10), 그는 그런 자신을 『**정중한 말과 그럴듯한 언변**』으로(롬 16:18) 비방하며 고린도 교회 성도들의 마음을 빼앗아 가는 자들의 실체를 보여 주려고 하는 것이다. 바울은 고린도 교회 성도들에게 복음을 전할 때, 사역에 드는 합법적인 비용을 위해 모금을 하지 않았고(7,8절), 그렇다고 누구에게 구걸하지도, 빌리지도, 신세를 지지도 않았다(9절). 그는 고린도에 처음 갔을 때 "직접 일을 했는데," 천막을 만드는 아퀼라와 프리스킬라 부부와 함께 일을 하며 생계비를 벌었던 것이다(행 18:2,3). 두 번째 갔을 때는 마케도니아인들이 가져온 선물로 먹고살았다. 바울이 실제로 자랑했던 것은 그가 어떤 식으로든 고린도 교회 성도들에게 금전적으로 부담이 되지 않았다는 점이다. 『**내가 너희와 함께 있을 때 부족한 것이 있었으나 아무에게도 부담을 지우지 아니하였으니 이는 마케도니아에서 온 형제들이 나의 부족한 것을 충분하게 채워 주었음이니라. 그리하여 내가 모든 일에 너희에게 부담이 되지 않으려고 주의했으며 또 앞으로도 그렇게 하겠노라. 그리스도의 진리가 내 안에 있으니 아카야 지방에서는 아무도 나의 이 자랑을 막지 못할 것이라**』(9,10절).

사도 바울의 이러한 자랑은 그가 고린도 교회 성도들을 사랑하기 때문에 하는 것이었고 그 점을 하나님께서도 알고 계셨다(11절). 바울은 이런 자랑을 계속함으로써 그들의 주의를 끌기 원했고, 그렇게 함으로써 그들에게서 이득을 취하려고 기회를 찾는 다른 자들에게서 그 기회를 끊어 버리려고 했으며, 바울 자신이 사도로서 전혀 부족한 것이 없음을 그들로 깨닫게 해 주려고 했다(12절). **사도 바울이 자랑하는 것은, 거짓 교사들이 하는 자랑의 토대를 무너뜨리기 위한 것으로서, 그들이 "진짜 사도"에게 필적할 수 없다는 점을 보여 주려는 것이었다**.

『그러한 자들은 거짓 사도들이요, 기만하는 일꾼들이요, 자신들을 그리스도의 사도들로 가장하는 자들이라. 이것은 놀랄 일이 아니니 이는 사탄도 자신을 빛의 천사로 가장하기 때문이라. 그러므로 사탄의 종들이 의의 종으로 가장한다 하더라도 큰 일이 아니니라. 그들의 종말은 그들의 행위대로 될 것이니라』(13-15절).

바울의 대적자들은 그들만의 종교를 가지고 있었다. 그들도 자신을 가리켜 "사도들," "일꾼들"이라 하는데, 심지어 『그리스도의 사도들』이라는 명함을 내밀며 성도들을 유혹했다. 요한계시록 2:2에서 그리스도께서는 그런 자들을 거짓말쟁이라고 부르신다. 그들은 자기들이 사도적 표적들을 지니고 있다고 주장하지만(고후 12:12), 실상은 그렇지가 않다. 그들은 마태복음 16장으로부터 나오는 사도적 계승권을 가진다고 주장하지만, 실상은 전혀 그렇지 않은 것이다. 실제로는 『**기만하는 일꾼들**』이면서도 『**자신들을 그리스도의 사도들로**』 탈바꿈시켰을 뿐이다. 그들은 종교적 위선자들로서, 뭔가 대단한 사람들인 것처럼 행세하고 있는데, 그들이 하는 일은 고작 개종자를 얻으면 자신들보다 두 배나 더 악한 지옥의 자식으로 만드는 것뿐이다(마 23:15).

바울은 그러한 거짓 사도들이 등장한 것이 전혀 놀랄 일이 아니라고 했는데, 이는 사탄도 자신을 빛의 천사로 가장하기 때문이다(14절). 사탄은 주 예수 그리스도를 "모방"하는데, 예수 그리스도께서 『**세상의 빛**』(요 9:5)이시고, 『**하나님의 천사**』(행 27:23, 갈 4:14)이시라면 사탄은 그 "빛의 천사이신 분"을 흉내낸다. 사탄은 "한 신(god)"이고(고후 4:4), 예수님께서는 "한 분 하나님(God)"이시다(딤전 3:16). 사탄은 "사자"(lion)이고(벧전 5:8), 예수 그리스도도 "사자"(Lion)이시다(계 5:5). 둘 다 "성경을 인용하고"(마 4장, 눅 4장), 둘 다 "기름 부음을 받았고"(겔 28:14, 히 1:9), 둘 다 "통치자"이며(요 14:30, 사 9:6), 둘 다 도성인 "신부"를 가지고 있고(계 17,21장), 둘 다 "뱀"이다(창 3:1, 요 3:14). 이 얼마나 완벽한 모방인가!

기독교계 안에는 잘못된 예수, 잘못된 영, 잘못된 복음, 잘못된 사도들과 사역자들이 활개를 침에도 불구하고 이에 감쪽같이 속아 멸망하는 자들이 부지기수이다. 마귀의 모조품들이 하나님의 일을 망쳐 온 것이다. 현대의 그리스도인들은 어떤 "사역자"가 마귀에게 속할 수 있다는 것을 절대로 믿으려 하지 않는데, 이 점이 가장 위험한 자세이다. 『**사랑하는 자들아, 모든 영을 다 믿지 말**

고 그 영들이 하나님께 속하였는지 시험하라. 이는 많은 거짓 선지자들이 세상에 나왔음이니라』(요일 4:1).

바울 자신의 사역에 대한 "어리석은" 자랑

『내가 다시 말하노니 아무도 나를 어리석은 자로 여기지 말라. 만일 그렇게 못하겠거든 나를 어리석은 자로 받아들여서 내가 조금만 자랑하게 하라. 내가 하는 말은 주를 따라 하는 말이 아니요, 어리석은 것처럼 이렇듯 자신 있게 자랑하는 것이라. 많은 사람이 육신을 따라 자랑하기에 나 역시 자랑하노라. 너희는 현명하다고 하면서도 어리석은 자들을 기꺼이 용납하는구나. 누가 너희를 종으로 삼거나 삼키거나 착취하거나 스스로 높이거나 얼굴을 쳐도 너희는 용납하는구나』(16-20절).

사도 바울은 그의 사역에 대해 한 번 더 자랑하려 하고 있으며(16절), 이것을 어리석은 자의 표시로 여긴다(21,23절). 그는 어리석은 자가 아니지만(『**아무도 나를 어리석은 자로 여기지 말라**』), 그들이 그를 그렇게 여긴다 할지라도 전혀 개의치 아니한다(『**나를 어리석은 자로 받아들여서**』, 16절). 사도 바울은 그가 말하려는 것이 『**주를 따라 하는**』 것이 아니라는 것을 인정한다(17절). **다만 주님께서는 바울의 "어리석음"을 사용하셔서 예수 그리스도의 진짜 사역자와 『의의 종으로 가장한』 자들(15절) 간의 차이점을 보여 주려고 하신다.**

바울이 『누가 너희를 종으로 삼거나 삼키거나 착취하거나 스스로 높이거나 얼굴을 쳐도 너희는 용납하는구나』(20절)라고 말한 것은 고린도 교회 성도들의 비정상적인 인내심을 비꼰 것이다. 그들은 자신들을 육신적으로 지배하는

"사역자들"을 참고 견뎠고, 돈과 재산을 가져가는 "사역자들"을 참고 견뎠으며, 누군가가 자신의 사역을 육신적으로 자랑한다 해도 참고 견뎠다. 바울이 『**누가... 얼굴을 쳐도 너희는 용납하는구나.**』라고 말한 것은 일종의 비아냥거림으로서, 고린도 교회 성도들의 인내가 정상을 지나쳤다는 점을 에둘러서 강조한 것이다.

『우리가 약했던 것처럼 내가 부끄러운 것에 관해 말하노라. 그러나 누가 어떤 일로든 담대하다면 (내가 어리석게 말하노라.) 나도 담대하노라. 그들이 히브리인이냐? 나도 그러하다. 그들이 이스라엘인이냐? 나도 그러하다. 그들이 아브라함의 자손이냐? 나도 그러하다. 그들이 그리스도의 종이냐? (내가 어리석은 자같이 말하지만) 나는 더욱 그러하다. 내가 더 많이 수고하였고 매도 헤아릴 수 없이 맞았고 더 빈번히 감옥에 갇혔고 죽을 고비를 여러 번 당하였으니 유대인들로부터 사십에 하나 뺀 매를 다섯 번이나 맞았고』(21-24절).

사도 바울은 지금까지 존재했던 사역자 중에서 가장 위대한 사역자요 그리스도인의 본이었는데, 그가 지금부터 써 내려가는 내용은 "사역자로서의 자질들"과 관련된 것이다. 그의 사역 자체는 『**그러므로 우리도 그[예수]의 수치를 짊어지고 진영 밖에 있는 그에게로 나아가자.**』(히 13:13)라는 명령과 일치하는 것이었다.

첫째, 사도 바울은 자신이 속한 지파의 이름을 댈 수 있었는데(빌 3:5), 따라서 거짓 교사들은 구약과 관련하여 바울을 비난할 거리가 없었다. 『**그들이 히브리인이냐?... 그들이 이스라엘인이냐?... 그들이 아브라함의 자손이냐? 나도 그러하다**』(22절). **둘째, 사도 바울은 그 누구보다도 "그리스도의 종"이었다.** 『**그들이 그리스도의 종이냐? (내가 어리석은 자같이 말하지만) 나는 더욱 그러하다**』

(23절). 바울은 자신의 대적자들을 사탄의 종이라고 규정했다(14,15절). 『**(내가 어리석은 자같이 말하지만) 나는 더욱 그러하다.**』라는 것은, 바울 자신이 그리스도의 사역자로서 다른 누구보다도 더 많은 고통을 당했음을 의미하는 것이다(23-27절).

사도 바울은 그 거짓 사역자들보다 더 열심히 일했고(『**내가 더 많이 수고하였고**』), 매도 과도하게 맞았으며(『**매도 헤아릴 수 없이 맞았고**』), 더 많이 투옥되었고 죽음 직전까지 갔던 적도 한두 번이 아니다. 그는 유대인들에게 다섯 번이나 맞았는데(24절), 각각의 경우 서른아홉 대의 『**매**』를 맞았으니, 총 195대의 채찍질을 당한 셈이다. 그러니 전신이 매 자국투성이였음이 분명하며, 당연히 머리부터 발끝까지 흉터로 덮여 있었을 것이다. 그는 수많은 채찍질뿐만 아니라, (기다란 죽봉이나 억센 빗자루 손잡이 같은) 막대기로 세 번 이상 맞았다(25절). 한 번은 돌로 맞았다고 말하는데, 아마도 그것은 사도행전 14:19의 루스트라에서 돌로 맞은 일을 언급하는 듯하다. 그는 세 번 파선을 당했고, 그중 한 경우에서는 24시간을 바다에 떠다녔다(25절).

사도 바울은 더 많은 여행을 했으며(『**여러 번 여행하는 중에**』, 26절), 배로 여행하든(『**강의 위험**』) 육로로 여행하든(『**강도의 위험**』) 항상 위험에 처했다. 유대인들과 이방인들은 물론, 신앙을 고백하는 그리스도인들에게까지도 끈질기게 괴롭힘을 당했다(26절). 성읍이든 나라든 바다에 있든 늘 위험이 그를 쫓아다니는 것으로만 보인 것이다(26절). 그렇기에 바울은 그야말로 "기진맥진했으며"(27절) 고통이 끊이지 않았다. 잠을 이루지 못했고, 굶주리고 목말랐다. 가진 게 없었기에 굶기를 밥 먹듯이 했을 뿐만 아니라, 스스로 먹지 않고 지낸 적도 있었다(『**금식**』). 그리고 몸을 따뜻하게 해 줄 만한 쓸 만한 옷 한 벌도 없었다(27절). <u>**바로 이것이 "그리스도인 사역자"의 표본이다. 이런 정도면 사역하다가 지치기 마련이고 때로는 싫증이 나기도 하고, 또 차라리 "죽고 싶을"(민 11:10-15) 때도 있겠지만, 사도 바울은 『선을 행하다가 낙심하지 말지니, 쓰러**</u>

지지 아니하면 때가 되어 거두리라.』라고 격려한다(갈 6:9).

사도 바울은 『그 외부의 일들 외에도 날마다 나에게 밀려드는 것은 모든 교회에 관한 염려라.』(28절)라고 했다. 그는 그 모든 고난에 더하여 자신이 세운 교회들을 향한 영적인 부담을 끊임없이 안고 살았던 것이다. 바울의 선교여행의 여정의 절반은 이전에 세워 놓은 교회들의 상태를 점검하는 것이었다. 그들에 대해 걱정했고, 그들에 대해 기도했으며, 그들을 위해 모금을 하기도 했다. 때로는 그 교회들의 문제들을 다루는 편지들을 써 보내기도 했는데(고린도전서, 빌립보서 등), 교회 안에서 티격태격 싸우는 두 자매에 관해 편지를 쓸 때도 있었다(빌 4:2). "사역자의 직분"을 가진 사람들이 하는 일이란 그야말로 "현실적인 일"이었던 것이다.

『누가 약하면 나는 약하지 아니하며 누가 실족하면 내가 애타하지 아니하더냐? 만일 내가 꼭 자랑해야 한다면 나는 나의 약한 것을 자랑하리라. 영원 무궁토록 찬양받으실 하나님, 곧 우리 주 예수 그리스도의 아버지께서는 내가 거짓말하지 않음을 아시느니라. 다마스커스에서 아레타 왕의 총독이 나를 잡고자 하여 다마스커스인들의 성읍을 한 수비대로 지켰을 때 내가 광주리를 타고 창문을 통해 성벽을 따라 내려가 그의 손에서 피하였느니라』(29-33절).

사도 바울은 이제 "자랑"을 멈추고 그가 꼭 자랑하고 싶은 것을 이야기하는데, 그것은 바울 자신의 약함이었다. 『만일 내가 꼭 자랑해야 한다면 나는 나의 약한 것을 자랑하리라』(30절). 이것은 꾸며서 하는 말이 아니라 하나님께서도 인정하시는 사실이었다(31절). 사도 바울도 여타 모든 그리스도인들처럼(29절) 그만의 약함을 가지고 있었으니, 그도 남들처럼 감정이 상하기도 하고, 유혹도 받고 시련을 겪기도 했던 것이다. 그는 법망을 피해 도망 다니고, 체포되지 않으려고 광주리 속에 몸을 숨길 정도로(행 9:2-25) 약한 사람이었으며, 자칭 사도들처럼 소위 "웅대한" 사역을 하지 않았다.

■ 새롭게 깨달았거나 적용할 내용이 있다면 적어 보세요. ■

제5과
복습문제

1. 사도 바울이 그의 지위와 사역에 관해 자랑했던 이유는 고린도 교회 성도들이 바울의 (　　　　　　)들에 의해 잘못된 길로 들어서고 있었기 때문이다.

2. 사도 바울은 고린도 교회 성도들에게 "(　　　　　　) 질투"를 느꼈다. 이 질투는 하나님의 백성이 거짓 신들을 따르지 않게 하려고 주님께서 그들을 향해 갖고 계시던 관심과 같은 것이었다.

3. 거짓 사도들이 등장한 일이 전혀 놀랍지 않은 것은 우리의 대적인 사탄도 자신을 (　　　　　　　　)로 가장하기 때문이다.

4. 현대의 그리스도인들은 어떤 "사역자"가 (　　　　　　　　)에게 속할 수 있다는 것을 절대로 믿으려 하지 않는데, 이 점이 가장 위험한 자세이다.

5. 사도 바울은 모든 외적인 고난들에 더하여 자신이 세운 (　　　　　　　)들에 대한 영적인 부담을 끊임없이 안고 살았다.

■ 새롭게 깨달았거나 적용할 내용이 있다면 적어 보세요. ■

NOTES

NOTES

제6과
셋째 하늘에 다녀온 사도 바울(12,13장)

『내가 십사 년 전에 그리스도 안에서 한 사람을 알았는데 (그가 몸 안에 있었는지 나는 말할 수 없고 몸 밖에 있었는지 나는 말할 수 없지만 하나님께서는 아시느니라.) 그 사람이 셋째 하늘로 끌려 올라갔느니라』(고후 12:2).

셋째 하늘에 가 본 바울

『정녕 자랑하는 것이 나에게 유익하지 못하나 내가 주의 환상들과 계시들을 말하리라. 내가 십사 년 전에 그리스도 안에서 한 사람을 알았는데 (그가 몸 안에 있었는지 나는 말할 수 없고 몸 밖에 있었는지 나는 말할 수 없지만 하나님께서는 아시느니라.) 그 사람이 셋째 하늘로 끌려 올라갔느니라. 내가 이런 사람을 아노라. (그가 몸 안에 있었는지 몸 밖에 있었는지 나는 말할 수 없지만 하나님께서는 아시느니라.) 그가 낙원으로 끌려 올라가서 말로 다 설명할 수 없는 말을 들었는데 그것은 사람들에게 말하도록 허락되지 않은 것이로다. 내가 이런 사람에 관해서는 자랑하겠으나 나에 관해서는 약하다는 것 외에는 자랑하지 아니하리라』(12:1-5).

사도 바울은 계속 자랑하는 것이 좋지 않다는 판단 속에서 그것을 중단하고 하나님께서 그에게 보여 주신 것들(**『주의 환상들과 계시들』**)로 화제를 옮겨간다. 그가 십사 년 전에 그리스도 안에서 한 사람을 알았다고 하는 것은 "루스트라"에서 돌에 맞은 사건을 가리키는 것으로 보인다. 그곳에서 사도 바울은 죽은 것으로 간주되어 성읍 밖에 내버려졌는데(행 14:19), 그 순간 그는 실제로 죽어서 하늘나라에 갔었고 거기에서 다시 지상으로 되돌려 보내졌다. 그때 그가 몸 안에 있었는지 몸 밖에 있었는지 말할 수 없다는 것은(2절), 그의 혼이 몸을 떠날 때 그 "혼적인 몸"이 물리적인 몸과 모양이 같았기(누가복음 16장의 지옥에 간 부자처럼) 때문이다.

"사후의 생"을 경험한 일들을 다룬 책으로는 "모리스 롤링스"(Maurice Rawlings) 의사가 쓴 〈죽음의 문턱을 넘어서, Beyond Death's Door〉라는 책이 있는데, 한번은 롤링스 박사가 심폐소생술을 하던 중 그 일을 잠시 멈출 때마다 죽어서 지옥에 갔다 오기 때문에 그 작업을 중단하지 말아 달라고 간청하는 한 환자 때문에 구원을 받았다고 한다. 사경을 헤매던 그는 응급처치로 소생될 때마다 "무서운 지옥에 갔다 왔는지" 비명을 지르면서 깨어났다. 롤링스 박사는 그 남자가 어찌나 두려워했던지, 그 모습에 소름이 끼쳐 결국 구원받게 되었다는 것이다.

"인간의 혼"은 지옥으로 내려간 부자처럼 물리적인 몸과 빼닮은 모습을 하고 있는데, 그것이 곧 "인간의 자아"이고, 지옥에 가면 그 부자처럼 고통 속에 울부짖게 된다. 반면에 예수 그리스도를 구주로 영접하면 사도 바울처럼 사후에 셋째 하늘의 낙원으로 올라가게 된다(4절). 사도 바울은 셋째 하늘의 낙원으로 올라가 말로 다 설명할 수 없는 말을 들었는데, 그것은 지상에 있는 사람들에게 말하도록 허락되지 않은 것이라고 했다(4절). 틀림없이 그것은 그에게 "시험"이었을 것이고, 근질거리는 입을 꾹 다물고 있는 데는 분명 많은 은혜가 필요했을 것이다. 주님은 주님을 희생적으로 섬기느라 고생하는(11장) 그를 격려하기 위해 그런 것들을 보여 주신 것이었다. 바울이 진정으로 자랑하고 싶었던 것은 하늘나라에 갔던 바로 그 사람이며, 지상에 있는 자신에 관해서는 사역자로서 겪은 고난들만을 자랑하려고 했다.

■ 새롭게 깨달았거나 적용할 내용이 있다면 적어 보세요. ■

"내 은혜가 네게 충분하도다."

『지극히 위대한 계시들의 풍성함으로 인하여 내가 자고하지 않도록 육체에 한 가시, 즉 사탄의 사자를 내게 주셨으니 그가 나를 쳐서 자고하지 못하게 하려 함이라. 이를 위하여 세 번이나 그것을 내게서 제거해 달라고 주께 간구하였는데 주께서 내게 말씀하시기를 "내 은혜가 네게 충분하도다. 이는 내 능력이 약한 데서 온전하게 됨이니라."고 하셨느니라. 그러므로 내가 오히려 매우 기쁘게 나의 약한 것을 자랑하리니 이는 그리스도의 능력이 내게 거하게 하려 함이라』(12:7-9).

사도 바울은 자신이 셋째 하늘에 다녀온 일에 관하여 진실을 말하는 것이지만 사람들이 바울 자신을 과대하게 포장해서 생각할 것을 우려하여 더 이상 이야기하지 않겠다고 한다(6절). 사람들은 필요 이상으로 어떤 사역자에 대해 너무 높이 추켜세우거나 지나치게 헐뜯는 법이다. 이 모든 것은 사람들이 꾸며내서 하는 것이기 때문에 사역자는 초연할 필요가 있다. 만일 사람들이 지나치게 높이 평가한다면, 그들이 사역자를 존경할 때 우쭐대지 말고 오히려 경계해야 한다. 럭크만 목사는 그들 앞에서 멍청한 짓을 해서라도 사람들이 사역자를 과대평가하지 못하게 하라고 했다.

하나님께서는 하늘나라의 환상을 통해 바울에게 지극히 위대한 계시들을 풍성하게 보여 주셨다(7절). 그리고 그 일에 대해 자만하여 우쭐대지 못하도록 "사탄의 사자"를 그에게 주시어 그를 치게 하셨다. 하나님께서 이 일을 하시는 것은 바울을 겸손하게 하려는 데 그 목적이 있었다. 하나님께서 들어 쓰시는 사람들에게는 나름대로 뭔가 "부족하고 잘못된 것"을 지니고 있기 마련인데,

그는 육신의 약함(『**육체에 한 가시**』, cf. 갈라디아서 4:13-15의 “약한 시력”)을 통해 주 하나님 앞에서 겸손하게 된다. **주님께서 우리에게 보내시는 “가시들” 대부분은 『육체의 연약함』(갈 4:13)과 관련된 것들이며, 우리를 겸손케 하시려는 방편이기 때문에 오히려 감사를 표명해야 한다**(살전 5:18). 사도 바울은 그것을 제거해 주시라고 하나님께 세 번 기도했고, 또한 믿음의 기도로 죽은 자도 살릴 수 있었던 사람이었지만, 결국 그의 가시는 제거되지 않았고, 그 대신 다음과 같이 응답되었다. 『**내 은혜가 네게 충분하도다. 이는 내 능력이 약한 데서 온전하게 됨이니라**』(9절). 주님께서 바울이 그 육체의 가시를 견딜 수 있는 은혜를 주셔서 그를 겸손하게 하셨고, 바울의 그 약함을 통해 하나님의 능력을 바울 안에서 온전케 하신 것이다.

우리는 “육체의 약함”을 주님의 능력이 온전케 되는 통로로 삼을 줄 알아야 한다. 우리 자신의 강함을 의지하면 하나님의 능력이 우리 안에 역사할 수 없기 때문이다. 바울은 『**그리스도를 위하여 약한 것들**[infirmities, 질병들]**과 모욕과 궁핍과 박해와 곤경을 기뻐**』했다. 왜냐하면, 그가 약할 때가 곧 강할 때이기 때문이다(10절). 우리 자신의 육체적 약함과 다양한 박해와 고난들을 하나님의 능력이 온전해지는 복의 통로로 여겨야 하는 것이다. “자신이 걸려 넘어지는 돌들로 디딤돌을 만들 줄 아는 자는 복이 있다”(밥 존스 시니어).

■ 새롭게 깨달았거나 적용할 내용이 있다면 적어 보세요. ■

"사도의 표적들"로 항변하는 바울

『나는 자랑하는 어리석은 자가 되었나니 너희가 억지로 시킨 것이라. 나는 너희에게 마땅히 칭찬을 받았어야 하느니라. 이는 내가 아무것도 아닐지라도 지극히 위대한 사도들보다 아무것도 뒤질 것이 없기 때문이라. 정녕 사도의 표적들이 너희 가운데서 모든 인내와 표적들과 이적들과 능력 행함으로 판명되었거니와』(12:11,12).

사도 바울은 고린도 교회 성도들이 자랑하는 거짓된 무리에 대해 자신이 그들에게 뒤져 보이지 않으려고 억지로 자랑할 수밖에 없었다. 이제 그는 본문 10절에서 열거한 **『약한 것들』**, **『모욕』**, **『궁핍』**, **『박해』**, **『곤경』**에 대한 자랑을 끝내고서 자신이 영적으로 강한 면들을 부각한다. **사도 바울이 강조한 것은 『사도의 표적들』이었다. 그는 참으로 사도의 표적들을 모두 가지고 있었고(사도의 자격), 고린도 교회 성도들 앞에서 그것들을 『모든 인내와 표적들과 이적들과 능력 행함으로』(12절) 실행해 보였다**. 그가 육신적으로 약하지만 그럴수록 영적으로는 더욱 강하다는 점을 강조하는 것이다. **『육체로 고난을 받은 자는 죄로부터 단절』**되고(벧전 4:1) 영적인 것들을 추구하며 위에 있는 것들을 바라기 마련이다.

『그러므로 너희가 그리스도와 함께 살아났으면 위에 있는 것들을 구하라. 거기에는 그리스도께서 하나님의 오른편에 앉아 계시느니라. 위에 있는 것들에 너희 마음을 두고 땅에 있는 것들에 마음을 두지 말라. 이는 너희가 죽었고 또 너희의 생명이 그리스도와 함께 하나님 안에 감추어졌기 때문이라. 우리의 생명이신 그리스도께서 나타나실 때 그때 너희도 그와 함께 영광 가운데 나타날 것이라. 그러므로 땅 위에 있는 너희의 지체를 죽이라. 곧 음행과 부정과 사욕과

악한 색욕과 탐심이니 탐심은 우상 숭배니라』(골 3:1-5). **땅 위에 있는 성도 자신의 지체를 죽이고 위에 있는 것들을 구하는 방법에는 "금식"을 하면서 드리는 기도가 있는데, 금식으로 인해 육체적으로 약해질 때 주님께서는 그 성도를 격려하시고 지탱해 주신다**. 이처럼 주님과 함께하는 내면생활을 추구함으로써 육신의 약함에 대해 영적 보상을 받는 것이 그리스도인의 삶인 것이다.

바울의 계속되는 항변

『내 자신이 너희에게 짐이 되지 않았던 것 외에 너희를 다른 교회들보다 못하게 대한 것이 무엇이냐? 나의 공평치 못한 이 점을 용서하라. 보라, 내가 세 번째 너희에게 가려고 준비하였으나 너희에게 짐이 되지 않으려 하노라. 내가 구하는 것은 너희의 물질이 아니라 너희니라. 이는 자녀가 부모를 위하여 저축하는 것이 아니라 부모가 자녀를 위하여 하는 것이기 때문이라. 내가 너희를 더 많이 사랑할수록 나는 사랑을 덜 받지만 나는 너희를 위하여 아주 기꺼이 쓰고 내 자신마저도 쓰리라』(12:13-15).

고린도 교회는 사도 바울이 스스로 생계비를 벌면서 다른 교회들의 지원을 받는 것을 불쾌해했다. 바울을 돕는 일에 자기들을 왜 빼냐는 것이다. 이에 바울은 그가 그들에게 원하는 것은 물질이 아니라 그들 자신임을 말하면서, 그들을 부모가 자식을 위하듯이 대하고 있음을 강조한다. 부모는 자식의 돈을 바라지 않고 자식 그 자체를 품을 수 있기를 원하는 법이다. 『**내가 구하는 것은 너희의 물질이 아니라 너희니라**』(14절). 고린도 교회 성도들은 바울이 낳은 영적인 자녀들이며, 바울은 그들의 영적인 아버지였다. 따라서 그는 영적인 아버지로서 부모가 자녀를 위해 저축하듯이 그들을 돌보고 있었던 것이다. 사도 바울은 그 일을 『**기꺼이**』 했으며(15절), 그들을 위해 자신의 시간과 힘과 돈을 쓰는 것을 개의치 않았다. 오히려 그들을 더 많이 사랑했기에 그들로부터 사랑을 상대적으로 적게 받는 것처럼 보일 정도였다.

『하여간 내가 너희에게 짐을 지우지 않았는데도 교활한 자가 되어 너희를 간계로 붙들었다고 하니 내가 너희에게 보낸 사람들 중 어떤 사람을 통하여 너희에게서 무슨 이득을 탐내더냐? 내가 디도에게 권하여 한 형제를 그와 함께 보냈는데 디도가 너희에게서 이득을 탐내더냐? 우리가 같은 영 안에서 행하지 아니하더냐? 같은 보조로 행하지 아니하더냐?』(12:16-18)

고린도 교회 안에서는 사도 바울에 대한 거짓 비난이 일고 있었으니, 바울이 그들에게서 물질적인 지원을 받지 않은 일에 무슨 교활한 간계가 숨어 있었을 거라는 것이다. **즉 마치 돈을 안 밝히는 사람처럼 의도적으로 행동해서, 고린도 교회 성도들의 마음을 사기 위해 그들로 예수 그리스도를 영접하게 하여 바울 자신의 지배하에 두었다는 것인데, 이렇듯 대적자들은 바울의 청렴함을 비난의 발판으로 삼았다**.

바울의 대적자들은 본래는 그가 돈을 탐내는 인물이라는 거짓 소문을 내었던 것 같다. 왜냐하면, 16,17절에서 다음과 같이 항변하기 때문이다. 『**하여간 내가 너희에게 짐을 지우지 않았는데도 교활한 자가 되어 너희를 간계로 붙들었다고 하니 내가 너희에게 보낸 사람들 중 어떤 사람을 통하여 너희에게서 무슨 이득을 탐내더냐?**』(16,17절) 바울의 "항변의 요지"는, 바울 자신은 물론 그의 조력자들 가운데 어떤 사람도 그들에게서 어떠한 이득도 탐내지 않았다는 것이다. 디도는 바울과 똑같이 고린도 교회 성도들을 사랑했고(고후 8:16), 그는 자기 자신을 지원하기 위해 그들에게서 어떤 돈도 받은 적이 없었으며, 그의 동료도 마찬가지였다(18절). 디도와 같은 동료들은 바울과 『**같은 영**』에 속해 있었고, 『**같은 보조**』로 행했으며, 보수를 목적으로 일하지 않았다. 그들은 사도 바울과 정확히 "같은 생각"으로 동역했다(롬 12:16; 15:5, 고전 1:10, 빌 2:2; 4:2).

바울이 두려워하는 것

『또 너희는 우리가 너희에게 우리 자신을 변명하고 있다고 생각하느냐? 우리는 그리스도 안에서 하나님 앞에 말하느니라. 그러나 참으로 사랑하는 자들아, 우리가 하는 모든 일은 너희를 세우기 위함이라. 내가 두려워하는 것은 내가 갔을 때 내가 바라던 대로 너희를 보지 못할까 함이요, 또 너희가 바라지 않는 그러한 나를 너희에게 보이게 되지 않을까 함이며 거기에 다툼과 시기와 분노와 경쟁과 험담과 수군거림과 교만이나 소요가 있지 않을까 함이라. 또 내가 다시 가면 나의 하나님께서 너희 앞에서 나를 낮추시지 않을까 함이요, 전에 죄를 지었으나 그들이 범한 부정과 음행과 색욕을 회개하지 않은 많은 자로 인하여 애통하게 되지 아니할까 함이라』(12:19-21).

사도 바울은 고린도 교회 성도들에게 변명하고 있는 것이 아니다. 오히려 하나님께서는 바울의 마음을 잘 알고 계셨는데, 바울이 한 일들, 특히 그들의 지원과 관련하여 신세를 지지 않았던 일은 고린도 교회 성도들을 그들의 믿음 안에서 세우기 위한 일이었다. 이것이 바로 하나님께서 사도를 세우신 목적이었다(엡 4:11,12).

사도 바울은 고린도 교회의 육신적인 문제들로 인해 야기될 일들을 두려워했다. 본문 20절은 그리스도께서 그리스도인에게 친히 쓰시는 것으로 읽을 때 교훈적으로 도움을 얻을 수 있다. 『**내**[그리스도]**가 두려워하는 것은 내가 갔을 때**[휴거] **내가 바라던 대로**[내가 너희에게 바라는 삶의 모습으로] **너희**[그리스도인]**를 보지 못할까 함이요, 또 너희가 바라지 않는 그러한 내**[너희의 죄로 인해 너희가 만나기를 부끄러워하는 내]**를 너희에게 보이게 되지 않을까 함이며**』(20절). 그 뒤에 열거되는 것들은 지역 교회 회중 가운데서 흔히 일어나는 문제들로서(『**다툼과 시기와 분노와 경쟁과 험담과 수군거림과 교만이나 소요**』), 그리스도께서 다시 오실 때 지역 교회에서 그런 모습을 발견하시면 그 교회의 목사는 물론 성도들도 주님 앞에서 대단한 수치를 당하게 될 것이다.

고린도 교회 성도들에게 주는 바울의 경고

『내가 이제 세 번째 너희에게 가노니 모든 말은 두세 증인의 입으로 확정될 것이라. 내가 이전에도 말했고, 또 마치 너희 앞에 있는 것처럼 너희에게 두 번째로 미리 말하지만, 이제 떠나 있는 동안 전에 죄지은 사람들과 나머지 모든 사람에게 쓰노니 내가 다시 가면 용서하지 않으리라. 너희가 내 안에서 그리스도께서 말씀하시는 증거를 찾고 있지만 그분은 너희에 대하여 약하지 아니하시고 너희 안에서 강하시도다. 그분은 약하심으로 십자가에 못박히셨지만 하나님의 능력으로 살아 계시느니라. 우리 역시 그분 안에서 약하지만 너희를 향한 하나님의 능력으로 그분과 함께 살 것이라』(13:1-4).

사도 바울은 "고린도 교회에 대한 세 번째 방문"을 그가 말하고 있는 것이 옳다는 것을 증거하는 "세 번째 증인"으로 여긴다. 『**모든 말은 두세 증인의 입으로 확정될 것이라.**』라는 말은 신명기 19:15에서 인용한 구절로서, 구약의 법정에 서게 되는 유대인과 관련된 표현이다. **어떤 유대인이 일을 저질렀을 때 그 일에 대해 두세 증인이 동의하지 않으면 범죄자로 정죄될 수 없었는데, 말하자면 바울이 행한 "각각의 방문"이 그가 고린도 교회 성도들에게 했던 말을 확증해 주는 "증인들"이라는 것이다.** 그들이 이 서신에서 책망받은 죄들을 회개하지 않으면 세 번째 방문 때는 그들을 용서하지 않을 것이며, 자신의 죄들에서 돌이키지 않는 자들에게 교회의 규범을 강력하게 적용할 것임을 강조하고 있다.

고린도 교회 성도들은 그들의 죄에 대해 뭐라고 할 테면 해 보라고 바울에게 대들고 있었는데(『너희가 내 안에서 그리스도께서 말씀하시는 증거를 찾고 있지만』, 3절), 바울은 그가 그곳에 도착하면 사도로서 행하는 권위가 어떤 것인지 알게 될 것이라고 경고한다. 그들 속에 곧바로 뛰어들어 호되게 혼낼 작정이었던 것이다. 사실상 바울이 고린도 교회에 도착하기 전에 이런 서신을 쓰는 목적은 그들을 만났을 때 엄하게 다스리는 일이 없도록 하려는 데 있었다. 『**그러므로 내가 떠나 있을 때 이것들을 쓰는 것은 내가 함께 있을 때 *너희를* 세우고 멸망치 않게 하시려고 주께서 내게 주신 권세에 따라 엄하게 다스리지 아니하려는 것이라**』(10절). 바울은 그들이 스스로 바로잡히기를 더 원했던 것이다. 바울은 그들이 온전해지기를 기도하는 사도였으며(9절), 성도들의 온전함은 성령님께서 사도들을 세우신 목적들 가운데 하나이다(엡 4:12).

바울은 문제를 일으키는 고린도 교회 회원들의 구원을 의심함과 동시에, 바울 자신과 동료들의 구원에 대해서는 확신한다. 『**너희가 믿음 안에 있는지 너희 자신을 시험하고 스스로 입증하라. 예수 그리스도께서 너희 안에 계신 것을 스스로 알지 못하느냐? 그렇지 못하면 너희는 버림받은 자들이라. 그러나 내가**

바라는 것은 우리가 버림받은 자들이 아닌 것을 너희가 아는 것이라』(5,6절). 말하자면 지역 교회 내에서 문제를 일으키는 자들은 "구원"을 의심해 봐야 한다는 것이다.

마지막으로 바울은 『형제들아, 마지막으로 말하노니 기뻐하라. 온전하게 되라. 위로를 받으라. 한 마음을 품으라. 평안히 지내라. 그러면 사랑과 화평의 하나님께서 너희와 함께 계시리라. 거룩한 입맞춤으로 서로 문안하라. 모든 성도가 너희에게 문안하노라. 주 예수 그리스도의 은혜와 하나님의 사랑과 성령의 교제가 너희 모두와 함께 있을지어다. 아멘.』(11-14절)으로 서신을 끝맺는다. 기쁨과 온전하게 됨과 위로와 한 마음과 평안함은 육신적인 고린도 교회에 꼭 필요한 영적 덕목들이 아닐 수 없다.

■ 새롭게 깨달았거나 적용할 내용이 있다면 적어 보세요. ■

제6과
복습문제

1. 사도 바울이 셋째 하늘의 낙원에 간 것으로 추정되는 시점은 (   )에서 돌에 맞아 죽었을 때이다.

2. 주님께서는 사도 바울이 낙원에 다녀온 일로 자만하여 우쭐대지 못하도록 그에게 약한 (   )을 주셔서 겸손하게 하셨다.

3. 주님께서 우리에게 보내시는 "가시들" 대부분은 『육체의 연약함』(갈 4:13)과 관련된 것들이며, 우리를 겸손케 하시려는 방편이기 때문에 오히려 ( )를 표명해야 한다(살전 5:18).

4. 사도 바울이 자신의 영적인 강함을 자랑하기 위해 부각한 것은 (   )의 표적들이었다.

5. 사도 바울은 문제를 일으키는 고린도 교회 회원들의 (   )을 의심함과 동시에, 바울 자신과 동료들의 (   )에 대해서는 확신한다.

■ 새롭게 깨달았거나 적용할 내용이 있다면 적어 보세요. ■

NOTES

복습 문제 정답

제1과

1. 두려워함, 거룩함, 더러움
2. 구원, 사망
3. ④
4. ③
5. 분개, 사모, 보복

제2과

1. 은혜
2. 헌신
3. X
4. 진지함
5. O
6. 균등함

제3과

1. 선한 일
2. 영생
3. O
4. 십일조
5. 필요
6. O

제4과

1. X
2. 하나님, 요새들
3. 보혈, 말씀, 기도
4. O
5. 주, 주

제5과

1. 대적
2. 경건한
3. 빛의 천사
4. 마귀
5. 교회

제6과

1. 루스트라
2. 시력
3. 감사
4. 사도
5. 구원, 구원

< 추 천 도 서 >

고린도후서

피터 S. 럭크만 지음 / 290쪽
15,000원(eBook 10,500원)

고린도후서는 특히 하나님의 사역에 부르심을 받은 사람들을 위하여 귀한 지침이 되는 책이다. 이 책의 사도 바울의 삶을 본받을 수만 있다면 "새 언약의 능력 있는 일꾼"으로서의 삶을 능히 살 수 있을 것이다.

완벽한 교회는 없는가?

이송오 지음 / 296쪽
12,000원(eBook 8,400원)

이 책은 많은 사람들이 믿음을 저버리는 이 배교의 시대에 참된 교회의 모습을 찾으려 하는 성도들에게, 특히 올바른 목회를 준비하는 젊은 신학자들과 목회자에게 좋은 지침이 될 것이다.

20세기 순회설교자의 회고록

피터 S. 럭크만 지음 / 216쪽
10,000원(eBook 7,000원)

이 책은 저자가 40년 넘게 사역 하면서 하나님의 말씀을 수호한 일, 개인 전도와 거리 설교로 복음을 전파한 일, 여러 이단 가르침으로부터 성도들의 믿음을 지킨 일, 그리고 수많은 열매 등에 대한 기록이다.

정복을 당한 자들

이송오 지음 / 304쪽
10,000원(eBook 6,900원)

한국 교회는 심각하게 변질되고 부패했다. 간혹 개혁을 외쳐도 교단의 담을 넘지 못한다. 교단 안에 묶여 있으면 하나님을 바르게 섬길 수 없다. 성경적 성별이 없이는 그저 교회만 다니고 있는 것이다.

솔로몬 성경공부 시리즈

고린도후서

제2권 거짓 목사들을 식별하라(7-13장)

초판인쇄 2024년 5월 13일
초판발행 2024년 5월 14일
지 은 이 / 편 집 부
발 행 인 / 박 승 용
발 행 처 / 말씀보존학회
출판등록 / 제409-2022-000036호
주 소 / 서울 강서우체국 사서함 제90호
전 화 / (02) 2665 - 3743
팩 스 / (02) 2665 - 3302
인 터 넷 / www.biblemaster.co.kr

값 10,000 원